BEWUSSTE PERSÖNLICHE PRODUKTIVITÄT IN EINER WOCHE

WIE MAN PRODUKTIVER IST, AUFHÖRT ZU ZÖGERN, WIE MAN SICH VON STRESS BEFREIT, WIE MAN DIE ARBEITSEFFIZIENZ ERHÖHT

Jorge O. Chiesa

Urheberrecht 2019© Jorge O. Chiesa

Alle Rechte vorbehalten. Kein Teil dieser Publikation darf ohne vorherige schriftliche Genehmigung der Autoren in irgendeiner Form oder mit irgendwelchen Mitteln, elektronisch oder mechanisch, einschließlich Fotokopie, Aufzeichnung oder durch ein Informationsspeicher- oder -abrufsystem, reproduziert oder verteilt werden.

Erste Ausgabe

Inhaltsverzeichnis

Einführung: Erstelle deinen eigenen Spielplan!....5

Erfahren Sie, wie Sie Ablenkungen reduzieren können...9

Was ist das erste, was ich tun muss?.....................13

Du musst deine Selbstdisziplin ausüben. 17

Du bist in der Lage, das Unmögliche zu tun. 21

Steigern Sie Ihre Motivation auf das maximale Potenzial...25

Lass dich nicht von unangenehmen Momenten zum Nachgeben bringen!......................................29

Behalte immer deine Ziele im Auge. 33

Pass auf dich auf!...37

Warum ist Organisation in Ihrem Leben so wichtig?..41

Delegation: der Hauptbestandteil der Produktivität 44

Wie vermeide ich, dass ich durch die Produktivität erschöpft bin?..47

Immer Vorkehrungen treffen..................................50

Die Bedeutung eines positiven Geisteszustandes 54

Fallen Sie nicht dem Bösen ins Auge..... Auch bekannt als die Negativität...............................58

Erfülle die Aufgaben deines Ziels,.... sonst wirst du nichts erreichen. 62

Lassen Sie uns über Mitarbeiter und Mitarbeiter sprechen....................................66

Sich selbst erfreuen..... Es ist das Beste, was du tun kannst. 70

Geben Sie keine Energie für die Überlastung der Arbeit. 74

Der wahre Grund, warum Sie sich öfter entspannen sollten. 78

Setzen Sie Ihre Prioritäten wie ein König.........82

Maximieren Sie Ihre Kommunikationsfähigkeiten 86

Fazit: Der Grundstein für jeden Erfolg..... Die Strategien! 90

Einführung: Erstelle deinen eigenen Spielplan!

Ein Faktor, den alle erfolgreichen Menschen gemeinsam haben, ist ein effektives Zeitmanagement. Sie können es vorziehen, es Struktur zu nennen, die Arbeit zu erledigen oder einen Spielplan zu erstellen. Jedes Wort oder jeder Begriff, der bei dir funktioniert, ist in Ordnung. Solange Sie es ernst nehmen und in die Praxis umsetzen, schaffen Sie eines der Grundprinzipien der Produktivität.

Es könnte eine gute Idee sein, darüber nachzudenken, und warum dieser Faktor für den Erfolg so wichtig ist. Vielleicht können Sie damit beginnen, das Gegenteil zu denken: Formen, die nicht funktionieren. Selbst wenn du eine sehr kleine Aufgabe zu erledigen hast, wenn du deine Zeit nicht richtig managst, kann es sein, dass es zu spät oder gar nicht erledigt wird. Möglicherweise arbeiten Sie an einem Termin oder haben eine Aufgabe, für die es keine bestimmte Zeit gibt. Wenn Sie keinen Spielplan dafür haben, werden die Ergebnisse nicht zufriedenstellend sein. Während Verzögerungen und Zeitverschwendung die Produktivität beeinträchtigen, kann das Fehlen eines effektiven Zeitmanagements so destruktiv sein.

Die Steigerung der Produktivität und die Erledigung von Aufgaben erfordert einen guten Spielplan. Zuerst müssen Sie genau wissen, was zu tun ist. Zweitens, auch wenn Sie keine bestimmte Frist haben, müssen Sie auch entscheiden, wann Sie dies tun sollten. Der dritte Schritt ist, sich der Aufgabe zu stellen, dies zu tun.

Sie wollen Ihre Ziele erreichen, egal ob kurz- oder langfristig. Du willst auch stolz und zufrieden mit den Ergebnissen sein. Wenn Sie sich nicht damit zufrieden geben, einfach "mit dem Fluss zu gehen" und stattdessen Ihren Spielplan bei jedem Schritt ernst nehmen, sind Sie fast ein garantierter Erfolg, Stolz und Zufriedenheit.

Struktur- und Zeitmanagement kann für Sie einfach sein, wenn sie ein fester Bestandteil Ihres Lebens waren. Wenn Sie diese Konzepte nicht gewohnt sind, ist es jetzt an der Zeit, sie in Ihrem täglichen Leben umzusetzen. Egal, ob Sie Ihr eigenes Unternehmen gründen, für jemand anderen arbeiten oder ob Sie sich um Ihre Familie kümmern müssen, Sie werden viele Vorteile aus der Erstellung eines guten Spielplans ziehen.

Wenn du jemals das Gefühl hattest,

dass es nicht genug Stunden an einem Tag gibt, um alles zu tun, was du tun musst, wird dies ein sehr positiver Schritt für dich sein. Sie werden angenehm überrascht sein, was Sie erreichen können. Mit einem Spielplan können Sie feststellen, dass Sie jeden Tag mehr tun, als Sie normalerweise in einer Woche tun. Es wird nicht nur produktiver sein, sondern auch die Erreichung der einzelnen Ziele wird viel einfacher sein. Sie werden diesen sehr wichtigen Faktor für Ihren Erfolg bald erkennen.

Erfahren Sie, wie Sie Ablenkungen reduzieren können.

Es gibt nur wenige Dinge, die die Produktivität so schnell blockieren wie Ablenkungen. Wenn du dich nicht richtig konzentrieren und konzentrieren kannst, kannst du keine Dinge tun. Selbst wenn du etwas erreichst, kann es sich stressig und frustrierend anfühlen. Ob am Arbeitsplatz oder in der Schule, die Verringerung von Ablenkungen, die Ihre Fähigkeit zur Produktivität beeinflussen, wird Ihnen helfen, mehr zu tun.

Es gibt zwei wichtige Punkte, die Sie bei der Planung zur Reduzierung von Ablenkungen in Ihrer Umgebung beachten sollten. Der erste Punkt ist, was für dich funktioniert und was für jemand anderen funktioniert, kann völlig anders sein. Der zweite Punkt ist, dass, es sei denn, Sie haben Ihre Gewohnheiten untersucht, können Sie nicht 100% sicher sein, welche für Sie am effektivsten sind. Die gute Nachricht ist, dass es nicht viel Zeit oder Mühe kostet, zu überlegen, wie sich Ihre Gewohnheiten auf Ihre Produktivität auswirken, und sie entsprechend anzupassen.

    Wenn Sie wie die meisten Menschen heutzutage sind, ist Multitasking zu einem Teil Ihres täglichen Lebens und Ihres Wortschatzes geworden. Es kann eine Reihe von Dingen geben, die du an einem Tag tun musst, und du kannst sie gleichzeitig tun. Wenn Sie mit Multitasking zu weit gehen, kann das zwei Konsequenzen haben. Es ist möglich, dass nicht alles getan wird, oder dass zu viel verteilt wird und keine zufriedenstellenden Ergebnisse erzielt werden.

Dasselbe kann man von Ablenkungen sagen. Der Versuch, eine Arbeit zu erledigen, und zwar richtig und gut, wird keine zufriedenstellenden Ergebnisse liefern, wenn Ablenkungen in den Weg kommen. Die Arbeit beim Musikhören, Fernsehen oder Telefonieren ist nicht auf Jugendliche beschränkt. Viele Erwachsene tun diese Dinge in ihrem Heimbüro und sogar in einem Büro, das von anderen Menschen bewohnt wird. Sie können dir helfen, dich zu konzentrieren, aber sie können auch deine Konzentration ruinieren und dich von dem ablenken, was du tust. Um produktiver zu werden, bedarf es einer kleinen Analyse Ihrer Gewohnheiten. Sie können einige oder alle diese Ablenkungen deaktivieren und sehen, ob Sie sich besser auf die anstehende Aufgabe konzentrieren können. Sie werden feststellen, dass Sie die Arbeit besser, schneller und effektiver erledigen können, ohne Ablenkung. Auf der anderen Seite können Sie feststellen, dass einer dieser Faktoren wirklich hilft,

Ihre Konzentration und Konzentration.

Während es einfach ist, herauszufinden, was für dich funktioniert, wenn du alleine arbeitest, kann es etwas komplizierter sein, wenn du mit anderen arbeitest. Sie werden feststellen, dass Mitarbeiter, die ständig ihr Telefon benutzen, ihr Radio in der Nähe Ihres Arbeitsplatzes besuchen oder spielen, Sie davon ablenken, sich auf Ihre Arbeit zu konzentrieren. Wenn du dich ihnen höflich näherst, kann dies alles sein, was nötig ist, um Ablenkungen zu reduzieren, damit du dich auf deine Arbeit konzentrieren kannst.

Was ist das erste, was ich tun muss?

Wenn Sie an die Zeit zurückdenken, als Sie in der Schule waren, erinnern Sie sich vielleicht daran, dass Lehrer Ihnen gesagt haben, dass der beste Weg, Hausaufgaben und andere Projekte anzugehen, darin bestand, zuerst die schwierigsten Hausaufgaben zu machen. Möglicherweise wurde Ihnen auch empfohlen, die Aufgabe anzugehen, die Ihnen am meisten missfiel, bevor Sie weitermachen. Dieser gleiche Ansatz kann Ihre Produktivität heute erheblich verbessern.

Wenn Sie sich darauf vorbereiten, einen neuen Arbeitstag zu beginnen, versuchen Sie, diesen Ansatz in die Praxis umzusetzen. Anstatt mit einer Aufgabe zu beginnen, die du magst oder leicht findest, fang mit einer an, die du nicht magst oder sehr schwierig findest. Am Ende des Tages werden Sie vielleicht angenehm überrascht sein, wie viel Sie erreicht haben. Sie werden auch das Gefühl haben, dass der Tag viel ruhiger verlaufen ist.

Ein Grund dafür ist, dass Sie zu Beginn Ihres Arbeitstages mehr Energie haben werden. Wenn du diese Energie den schwierigsten oder unangenehmsten Aufgaben widmest, wirst du dich nicht so erschöpft oder frustriert fühlen, sie zu erledigen. Ein zweiter Grund ist, dass, wenn man mit Aufgaben beginnt, die einem Spaß machen, man sich oft auf diejenigen freut, die man nicht auf sehr negative Weise mag. Anstatt die einfachsten Aufgaben zu genießen, während er sie ausführt, fürchtet er die, die auf ihn warten. Wenn du die schwierigeren zuerst machst, wirst du nicht nur mehr Energie für den Rest des

Tages übrig haben, sondern du wirst auch die anderen Aufgaben mehr schätzen, wenn du an sie kommst.

Dieser Ansatz steigert Ihre Produktivität. Wenn du deinen Arbeitstag nicht als langen, harten Kampf siehst, wirst du mehr erreichen. Wenn Sie zuerst die Aufgaben eliminieren, die Ihnen nicht gefallen, dann am Morgen, werden Sie bessere Ergebnisse mit all Ihren Aufgaben erzielen. Du wirst nicht nur mehr tun, sondern auch viel zufriedener mit dem Ergebnis jeder einzelnen Aufgabe sein.

Während es nur die menschliche Natur ist, zuerst das tun zu wollen, was man will, kann das Vorhandensein der schwierigsten Dinge am Horizont einen verlangsamen und seine Energie entziehen. Wenn Sie produktiver sein und bei allem, was Sie tun, die besten Ergebnisse erzielen wollen, befolgen Sie

die Ratschläge der Lehrer Ihrer Schule
und leisten Sie zuerst die härteste Arbeit.
Ihre Produktivität wird gesteigert, und Sie
werden jeden Tag mit einem
erfrischenden Gefühl der Leistung enden.

Du musst deine Selbstdisziplin ausüben.

Selbstdisziplin ist ein wesentlicher Faktor für Produktivität und Erfolg. Ohne sie wird man faul, unmotiviert und abhängig von anderen. Mangelnde Selbstdisziplin erschwert auch den Umgang mit einem Mitarbeiter, Chef oder Mitarbeiter.

Selbstdisziplin zu üben bedeutet, sich in einem altmodischen Begriff auf eine Aufgabe einzulassen. Du musst wissen, was du tun musst, wann du es tun musst, und es tun. Gute Selbstdisziplin beinhaltet einen grundlegenden Zeitplan oder Rahmen dafür, was innerhalb eines bestimmten Zeitraums erreicht werden muss. Du erlaubst dir nicht, dich zu verlieren oder Dinge für später zu hinterlassen.

Allerdings erhöht eine zu starre Selbstdisziplin nicht die Produktivität. Es kann sie sogar verringern. Wenn während des Arbeitstages keine Ruhepause oder gar keine Fehlerquote erlaubt ist, sind die Erwartungen, die Sie an sich selbst stellen, zu hoch. Anstatt mehr Dinge zu tun oder mehr in kürzerer Zeit zu tun, kannst du ihn frustriert über seine Aufgaben und seine Arbeit machen.

Wenn du Selbstdisziplin in jungen Jahren gelernt hast, wirst du wahrscheinlich keine Schwierigkeiten damit haben. Andererseits, wenn deine Schuljahre und dein Familienleben zu starr waren oder wenn wenig von dir erwartet wurde, ist dies ein guter Zeitpunkt, um die Gewohnheit zu entwickeln. Sie haben es vielleicht geschafft, ohne ein gutes Gespür für Selbstdisziplin durch Ihre frühen Jahre zu gleiten, aber es wird ein Stolperstein für Ihre Karriere sein.

Eine gute Möglichkeit, mit der Kultivierung der Selbstdisziplin zu beginnen, ist, zu erkennen, wofür man verantwortlich ist. Sie können damit beginnen, die Verantwortung dafür zu übernehmen, dass die Arbeit richtig und pünktlich erledigt wird. Wenn dies ein relativ neues Konzept für Sie ist, müssen Sie auch erkennen, dass Fehler auftreten, und in der Lage sein, sie ohne übermäßige Frustration zu korrigieren.

Selbstdisziplin auszuüben bedeutet auch, nicht von Ablenkungen und zeitraubenden Aktivitäten beeinflusst zu werden. Auch wenn Sie während Ihres Arbeitstages etwas Ruhe brauchen und verdienen, kann dies Sie nicht von der Vorgehensweise bei der Ausführung der Arbeit ablenken. Sobald du die

Gewohnheit der Selbstdisziplin entwickelt hast, wird es einfacher sein, Aufgaben zu erledigen. Es wird ihnen gut gehen, und zwar pünktlich. Es wird Ihre Produktivität steigern und Ihnen helfen, dem Erfolg näher zu kommen.

Du bist in der Lage, das Unmögliche zu tun.

Wenn du jemals so viele verschiedene Aufgaben zu erledigen hattest oder Aufgaben, die über deine Fähigkeiten hinausgingen, weißt du, wie es ist, sich unmöglich zu fühlen. Wenn diese Art von Aufgaben in Ihrem Verantwortungsbereich liegen, gibt es einige positive Möglichkeiten, sie zu lösen. Du wirst vielleicht feststellen, dass du wirklich das Unmögliche möglich machen kannst.

Manchmal sehen Sie Aufgaben als unmöglich an, weil Sie davon überwältigt sind, wie viel Sie in kurzer Zeit tun müssen. Selbst wenn jeder von ihnen ziemlich einfach ist, kann es zu einem Berg von Arbeiten werden, deren Ende nicht vernünftigerweise erwartet werden kann. Dies kann passieren, wenn Sie mehr trinken, als Sie verkraften können, oder wenn unerwartete "Überraschungen" ohne richtige Vorbereitung auftreten.

Ein positiver Ansatz für die oben genannte Situation ist es, vernünftig zu sein, was zu Beginn getan werden kann. Ob die Übernahme zu vieler Verantwortlichkeiten auf einen finanziellen Bedarf zurückzuführen ist, der Versuch, gut für Ihren Chef auszusehen oder einen Mitarbeiter zu übertreffen, oder nicht daran zu denken, wenn Sie jede Aufgabe übernehmen, kann die vorherige Bewertung Ihrer Fähigkeiten dieses Problem beseitigen. Ein positiver Ansatz für die letztgenannte Situation besteht darin, zu lernen, Prioritäten zu setzen. Wenn während der Bearbeitung Ihrer anderen Aufgaben eine unerwartete Aufgabe oder ein unerwartetes Projekt auftritt, müssen Sie entscheiden, welche Aufgaben sofort erledigt werden sollen und welche bis später warten können. In vielen Fällen ist es eine gute Idee, mehr Zeit zu verlangen, um alles zu tun.

Manchmal haben Sie ein Projekt, das wirklich über Ihre Möglichkeiten hinausgeht. In diesen Fällen ist der beste Ansatz, ihre Grenzen zu erkennen. Je nach den Umständen können Sie um Hilfe bitten oder erklären, dass Sie dies nicht können.

Gutes Zeitmanagement und die klare Anerkennung Ihrer Fähigkeiten sind der Schlüssel zum Unmöglichen. Anstatt von der Arbeit überwältigt zu werden oder von etwas gestresst zu werden, zu dem du einfach nicht in der Lage bist, wirst du deine Energie und dein Selbstwertgefühl erhöhen. Während niemand alles tun kann, und niemand alles gleich gut machen kann, wirst du das Beste tun, was du kannst. Dies wiederum reduziert das Gefühl, überfordert zu sein und hilft dir, viel produktiver zu sein.

Steigern Sie Ihre Motivation auf das maximale Potenzial.

Wir haben alle Leute sagen hören, "sie waren nicht motiviert" als Ausrede, keine Dinge zu tun. In den meisten Fällen ist dies eine höfliche Art zu sagen, dass sie faul sind. In der realen Welt, in der Produktivität und Erfolg entscheidend sind, ist Motivation ein Schlüsselelement. Wenn es für Sie nicht selbstverständlich ist, können Sie Möglichkeiten zur Steigerung der eigenen Motivation prüfen und täglich umsetzen.

Je motivierter du bist, desto mehr kannst du tun. Eine Möglichkeit, wie Sie versuchen können, Ihre Motivation zu steigern, besteht darin, Ihre Leistungen zu genießen und zu schätzen. Anstatt zu warten, bis Sie Ihr Ziel erreicht haben, beginnen Sie, indem Sie jede Aufgabe, die Sie auf dem Weg ausführen, genießen und schätzen. Während Sie keine Zeit verschwenden oder vom Weg abkommen sollten, kann das Klopfen auf den Rücken für richtig ausgeführte Aufgaben eine gute Möglichkeit sein, Ihre Motivation zu steigern. Du wirst mehr tun wollen; und du wirst weiterhin hervorragende Leistungen erbringen wollen.

Auf diese Weise helfen Sie auch, Ihre Ausdauer zu steigern. Anstatt sich von einem Hauptziel am Horizont überwältigt zu fühlen, das Sie müde und gestresst machen kann, können Sie sich energiegeladener und besser auf die nächste Aufgabe vorbereitet fühlen.

Es ist leicht für eine Person, ihr Gefühl der Motivation zu verlieren, wenn sie das Gefühl hat, dass sie nichts erreicht. Dies kann dazu führen, dass du dich nicht sehr gut fühlst, was du tust, oder sogar weniger tust. Glücklicherweise ist es nicht schwer, dieses Muster umzukehren und voranzukommen. Wenn du dich daran gewöhnst, mit jeder Aufgabe, die du tust, glücklich zu sein und stolz auf jede einzelne deiner Leistungen zu sein, wird es deine Motivation erhöhen, noch mehr zu tun und es jedes Mal besser zu machen.

Wenn Motivation und Energie miteinander verbunden sind, werden Sie auch sehen, dass Sie viel mehr Energie für alle vor Ihnen liegenden Aufgaben haben. Egal wie groß dein Endziel ist, oder wie viel Zeit und Arbeit du dafür aufwenden musst, um dieses spezielle Ziel zu erreichen, du wirst angenehm überrascht sein, wie gut alles vorankommt. Wenn Ihre Motivation und Energie steigen, werden Sie in der Lage sein, mehr und mehr zu tun. Sie werden sehen, wie groß die Produktivität jeden Tag sein kann.

Lass dich nicht von unangenehmen Momenten zum Nachgeben bringen!

Eines der größten Hindernisse für die Produktivität ist der Ansatz, den viele Menschen verfolgen, um Rückschläge zu überwinden. Wenn Sie einen Rückschlag als Misserfolg sehen, können Sie nicht nur Ihre Produktivität einschränken, sondern auch verhindern, dass Sie überhaupt etwas tun. Dies gilt für jede Art von Arbeit, Ausbildung oder jeden anderen Lebensbereich. Wenn Sie einen Rückschlag als Fehler sehen, können Sie ihn daran hindern, sich vorwärts zu bewegen. Du kannst weniger erreichen, oder du kannst überhaupt nichts erreichen.

Rückschläge gibt es in allen

Lebensbereichen. Unabhängig von der Art der Arbeit, die du hast, wirst du sie wahrscheinlich von Zeit zu Zeit oder regelmäßig erleben. Rückschläge können durch Fehler, mangelnde Vorbereitung auf das, was Sie tun müssen, oder unerwartete Probleme entstehen, die niemandem anzulasten sind. Die Art und Weise, wie Sie einen Rückschlag erleben und sehen, bestimmt, wie er sich auf Sie und Ihre Produktivität auswirkt.

   Es gibt jedoch eine Perspektive, die verhindern kann, dass es zu einem Hindernis wird und tatsächlich seine Produktivität erhöht. Wenn der Rückschlag auf einen Fehler Ihrerseits zurückzuführen ist, oder wenn es nicht die Schuld von irgendjemandem war, ist die Weigerung, es als Fehler zu betrachten, der erste Schritt, um es wieder auf Kurs zu bringen.

   Der zweite Schritt besteht darin, das

Gegenteil als eine Gelegenheit zu sehen, beim nächsten Mal besser zu werden. Wenn Sie einen Fehler in Ihrer Arbeit gemacht haben, ist der beste Ansatz, den Fehler zu korrigieren und weiterzumachen. Es ist zwar wichtig, dass Sie nicht versuchen, einen Fehler zu vertuschen, aber Sie können es sich nicht leisten, dass ein Fehler Sie zum Stillstand bringt. Wenn du es nicht korrigierst und weitermachst, wirst du vielleicht darüber nachdenken. Du kannst dich selbst für den Fehler bestrafen oder sogar davon besessen sein. Diese Verhaltensweisen sind nie nützlich. Sie werden dich nicht nur daran hindern, Dinge zu tun, sondern sie werden dich auch dazu bringen, dich selbst schlecht zu fühlen. Im schlimmsten Fall kann es dazu führen, dass du dich inkompetent fühlst. Das ist nicht der richtige Weg, um Dinge zu tun.

Jeden Rückschlag als Lernerfahrung zu sehen, ist ein viel besserer Ansatz. Du kannst dir selbst sagen, dass du in der Lage bist, besser zu werden und mehr zu tun. Solange sie die Rückschläge nicht als Misserfolge, sondern als solche betrachten, werden sie sie nicht daran hindern, voranzukommen. Korrigieren Sie den Fehler und lernen Sie daraus und machen Sie weiter. Wenn Sie dieses Muster entwickelt haben und es zu einem festen Bestandteil Ihres Arbeitslebens machen, werden Rückschläge der Produktivität nicht im Wege stehen.

Behalte immer deine Ziele im Auge.

"Wenn du nicht weißt, wohin du gehst, wirst du vielleicht nie dein Ziel erreichen." Der New York Yankee Spieler und Trainer Yogi Berra war auf Kurs, als er diese Aussage machte. Es ist ein ausgezeichneter Gedanke, den man für sein Arbeitsleben im Hinterkopf behalten sollte.

Sie werden überrascht sein, wie viele Menschen nicht wissen, was sie in ihrem Arbeitsleben suchen. Auf der anderen Seite könntest du einer von diesen Leuten sein. Wenn ja, dann ist es jetzt an der Zeit, sich auf die Ziele zu konzentrieren. Wenn du weißt, wohin du gehst, ist das einer der wichtigsten Schritte, um sicherzustellen, dass du ankommst.

Wenn Sie sich darauf vorbereiten, morgens zur Arbeit zu gehen, was ist der erste Gedanke, der Ihnen beim Thema Ziel in den Sinn kommt? Wenn du wie viele Menschen bist, denkst du überhaupt nicht daran, dass es ein Ziel ist. Stattdessen können Sie darüber nachdenken, wie viel Arbeit Sie leisten müssen, oder wie gut der Gehaltsscheck am Ende der Woche sein wird. Wenn du deine Gedanken zu einem Ziel änderst, wirst du viel produktiver sein.

Abhängig von der Art Ihrer Arbeit können Ziele eine Vielzahl von verschiedenen Formen annehmen. Du hast vielleicht etwas, das du selbst produzieren kannst, oder du bist Teil eines Teams. Du kannst ein sehr positives Gefühl der Selbstdisziplin haben oder sehr gut als Teamplayer arbeiten. Was auch immer Ihr Platz in Ihrem Arbeitsleben ist, zielorientiertes Handeln steigert Ihre Produktivität.

Zielorientiert zu sein bedeutet nicht, sich nur auf eine große Leistung zu konzentrieren. Wenn Sie anfangen, es als eine Reihe von kleinen Zielen zu betrachten, wird jedes einzelne, das Sie erreichen, Ihnen zwei Vorteile bieten. Jeder von ihnen wird dich mehr motivieren, weiterzumachen und der großen Leistung näher zu kommen.

Über Nacht kann nichts erreicht werden. Alles, was sich wirklich lohnt, erfordert Zeit, Mühe und Arbeit. Wenn du dein Augenmerk auf das große Ziel in der Ferne und auf jedes der Ziele richtest, die du erreichen musst, um dorthin zu gelangen, wirst du bald sehen, wie viel produktiver du bei jedem Schritt sein wirst. Einfach mit dem Fluss zu gehen und nicht Ihren Schwerpunkt auf Ihre Ziele zu legen, wird Sie verlangsamen. Du wirst nicht viel erreichen, wenn du dich nicht auf die Leistung konzentrierst. Wenn du weißt, wohin du gehst, ist es der sicherste Weg zu wissen, dass du es schaffen wirst.

Pass auf dich auf!

Wenn du wie die meisten Menschen bist, hast du wahrscheinlich die Erfahrung gemacht, die ganze Nacht zu arbeiten, um etwas zu tun. Möglicherweise haben Sie nicht geschlafen, Mahlzeiten und andere wichtige Faktoren in der Selbstversorgung verpasst, um eine Aufgabe zu erledigen oder eine Frist einzuhalten. Obwohl es manchmal notwendig ist, dies zu tun, ist es kontraproduktiv, die Selbstversorgung regelmäßig oder häufig zu vernachlässigen. Ihre Gesundheit kann leiden, solange Sie nicht fast alles erreichen, was Sie erwartet haben.

Sich um sich selbst zu kümmern, wird Sie nicht nur in guter Gesundheit halten, sondern auch produktiv halten. Eine Person, die nicht regelmäßig schläft oder die sich auf Junk Food verlässt, anstatt nahrhafte Lebensmittel zu essen, wird körperlich oder geistig nicht der Aufgabe gewachsen sein. Während Sie vielleicht glauben, dass Sie Ihre Arbeit zu hundert Prozent unterstützen, führen diese ungesunden Gewohnheiten dazu, dass Sie weniger zu geben haben.

    Andererseits, wenn du regelmäßig genug Schlaf bekommst und dich gesund ernährst, wirst du mehr für deinen Job tun können. Wenn du in einem erstklassigen Zustand bist, wirst du dich besser konzentrieren, wacher sein und nicht so leicht müde werden. Du wirst es besser machen, und du wirst mehr tun.

    Wenn Ihr Arbeitstag darin bestand, viele Tassen Kaffee oder andere künstliche Energiestimulatoren zu trinken, ist es an der Zeit, Ihre Selbstpflegegewohnheiten zu untersuchen. Wenn Sie feststellen, dass Sie nicht genug Schlaf bekommen haben und sich auf diese Produkte verlassen haben, um Ihre Funktionsfähigkeit aufrechtzuerhalten, oder wenn Sie feststellen, dass eine gute Ernährung durch Junk Food und Snacks ersetzt wurde, ist es an der Zeit zu bewerten, was diese Gewohnheiten mit Ihrer allgemeinen Gesundheit bewirken. Es ist auch an der Zeit, über die Auswirkungen nachzudenken, die Sie auf Ihre Arbeit haben können.

Obwohl fast jeder gelegentlich in der Lage ist, eine Mahlzeit oder Arbeit spät in der Nacht zu überspringen, ist es unwahrscheinlich, dass sie Ihnen helfen, produktiver zu sein. Tatsächlich halten sie dich wahrscheinlich zurück.

Selbst wenn Sie einen schnellen Job mit vielen Verantwortlichkeiten und Fristen haben, ist es kontraproduktiv, die richtige

Selbsthilfe zu vernachlässigen. Wenn Sie anfangen, die Gewohnheit zu entwickeln, genügend Schlaf zu bekommen und eine angemessene Ernährung zu essen, werden Sie mehr tun, als sich um sich selbst zu kümmern. Du wirst mehr tun können, und du wirst mit den Ergebnissen zufriedener sein.

Warum ist Organisation in Ihrem Leben so wichtig?

Wenn Sie darüber nachdenken, ist die Organisation einer der wichtigsten Faktoren für die Produktivität. Es ist nicht notwendig, extrem starr zu sein, um organisiert zu sein, aber es ist notwendig, sich all dessen bewusst zu sein, was in Ihrem Arbeitstag passiert. Dinge zu tun bedeutet, mit deiner Zeit, den Materialien und Ausrüstungen, die du benutzt, und deinen Erwartungen organisiert zu sein.

Man kann sich jemanden vorstellen, der desorganisiert ist und wie sich das auf seine Arbeit auswirkt. Sie können in den Arbeitstag stürmen, Termine verpassen, sich nicht sicher sein, was Sie erreichen sollen, und nachlässig mit den Materialien oder Geräten umgehen, mit denen Sie während des Tages arbeiten. Dies ist eine Person, die keine Dinge erledigt, denn die Unordnung verhindert, dass sie produktiv ist.

Sie erhalten in kürzerer Zeit viel mehr, wenn es gut organisiert ist. Sie können damit beginnen, einen grundlegenden Zeitplan zu erstellen, der zeigt, was Sie tun müssen und wann Sie es tun sollten. Sie können sicherstellen, dass Sie im Voraus wissen, wo sich alle Ihre Vorräte befinden, damit Sie keine Zeit damit verschwenden, nach etwas zu suchen, wenn Sie es benutzen müssen.

Die Organisation mit Zeit- und Materialelementen ist überhaupt nicht schwierig. Wenn du diese Gewohnheit jedoch noch nicht kultiviert hast, kann es ein wenig Übung erfordern, bevor sie sich für dich ganz natürlich anfühlt. Die Vorbereitung eines Überblicks über Ihren

Arbeitstag wird Ihnen helfen, dort zu sein, wo Sie sein müssen, und die Dinge rechtzeitig zu erledigen. Das Halten aller Ihrer Versorgungsmaterialien ordentlich und organisiert hilft Ihnen, Zeit zu verschwenden zu vermeiden und frustriert zu werden, dass Sie nicht leicht Gegenstände finden können, wenn Sie sie benötigen.

Wenn es Ihr Ziel ist, Ihre Produktivität zu steigern - um Dinge zu erledigen - ist die Organisation ein wesentlicher Faktor. Wenn Sie einer der vielen Menschen sind, die diese positive Gewohnheit noch nicht entwickelt haben, können Sie die Ergebnisse überraschen. Sie werden bald sehen, dass Sie viel mehr erreichen, eine bessere Arbeit leisten und am Ende zufriedenstellendere Ergebnisse erzielen. Eine bessere Organisation in allen Aspekten des Arbeitslebens wird Ihre Produktivität erheblich verbessern.

Delegation: der Hauptbestandteil der Produktivität

Es gibt zwei verschiedene Arten von Delegationen, die beide negativ sind. Beide können die Produktivität eher hemmen als erhöhen. Wenn Sie einen dieser Faktoren in Ihrem Arbeitsleben erkennen, können Sie beginnen, sie für bessere Ergebnisse zu verändern.

Die erste negative Form der Delegierung betrifft die Person, die alles für sich selbst tun will. Dies mag zunächst positiv erscheinen, ist aber keineswegs wirklich positiv. Die Person, die darauf besteht, mehr Arbeit zu übernehmen, als sie vernünftigerweise tun kann, oder Arbeit, zu der sie nicht ganz in der Lage ist, wird nicht nur weniger produktiv, sondern beeinflusst auch die Produktivität all jener, die sich darauf verlassen, dass sie die Arbeit verrichtet. Ob du Angst hast, um Hilfe zu bitten, oder einfach nur prahlst, das kann alle anderen verlangsamen, ebenso dich selbst.

Die zweite negative Form der Delegation betrifft die Person, die sich ihrer Verantwortung entzieht. Er kann andere bitten, Aufgaben zu erledigen, die er eigentlich selbst erledigen sollte. Nicht nur, dass du nicht dein eigenes Gewicht trägst, sondern auch die wertvolle Zeit anderer Menschen.

Eine positive Delegation ist sinnvoll. Wenn du erkennst, dass du nicht alles tun kannst und dass du nicht alles genauso gut machen kannst, steigst du deine eigene Produktivität und die Produktivität deiner Umgebung.

Wenn Sie eine sehr große oder sehr schwierige Aufgabe oder ein Projekt haben, bitten Sie andere, Ihnen zu helfen, die Arbeit zu erledigen, und zwar schneller. Anstatt die Delegation als ein Eingeständnis von Schwäche oder Inkompetenz zu betrachten, erkennen Sie den Umfang Ihrer eigenen Rolle und Fähigkeiten. Dies wiederum gibt anderen die Möglichkeit zur Zusammenarbeit und hilft, die Arbeit zu erledigen.

Die Delegierung für weniger als möglich oder weniger als vernünftigerweise zu erwarten ist, ist immer negativ. Wenn es jedoch um mehr Arbeit geht, als sie vernünftigerweise allein leisten kann, oder um Arbeit, zu der sie nicht in der Lage ist, ist die Delegation die vernünftige Lösung. Wenn eine Arbeit erledigt werden muss, pünktlich und gut, dann liefert Teamarbeit die besten Ergebnisse.

Wie vermeide ich, dass ich durch die Produktivität erschöpft bin?

Es gibt nur sehr wenige, die eine Produktivitätsminderung so leicht verursachen können wie Burnout. Während Sie versucht sein können zu glauben, dass es eine gute Möglichkeit ist, jeden Moment Ihres Lebens an Ihrem Job zu arbeiten, gibt es einen zusätzlichen Faktor, den Sie vielleicht nicht berücksichtigt haben. Wenn Sie Ihre Arbeit im übertragenen Sinne mit nach Hause nehmen, können Sie das Burnout-Risiko erhöhen und langfristig viel weniger erreichen.

Diese Art, Ihre Arbeit nach Hause zu bringen, beinhaltet keine wesentliche Arbeit in Ihrer Freizeit. Es bedeutet, dass Sie Ihre Arbeit in Ihrer Freizeit im Kopf behalten. Wenn Sie zu Hause oder an einem anderen Ort als Ihrem Arbeitsplatz sind, können Sie sich leicht verbrennen, wenn Sie es als Ihr Hauptziel behalten.

In deiner Freizeit kannst du viel Zeit damit verbringen, über deine Arbeit nachzudenken. Sie können sich Gedanken darüber machen, ob Sie rechtzeitig etwas tun werden, oder über die Gesamtqualität Ihrer Arbeit. Dies kann dazu führen, dass man zu sehr gestresst, ängstlich und überfordert ist. Möglicherweise fühlen Sie sich durch Ihre Arbeit ermüdet, wenn Sie darüber nachdenken und sich Sorgen machen, als wenn Sie Ihre Arbeit tatsächlich tun.

Wenn Sie nach Ihrem normalen Arbeitstag keine Arbeit zu erledigen haben, können Sie Burnout vermeiden, indem Sie Ihre Arbeit an Ihrem Arbeitsplatz lassen, wenn Sie nach Hause gehen. Anstatt zu betonen, was Sie am nächsten Tag erreichen müssen, oder über den Fortschritt, den Sie mit etwas machen, woran Sie gerade arbeiten, versuchen Sie zu lernen, diese Gedanken und Sorgen an Ihrem Arbeitsplatz zu lassen.

Wenn du Freizeit hast, entwickle einige positive Gewohnheiten. Zu lernen, sich zu entspannen, an gesunden Freizeitaktivitäten teilzunehmen und seine Zeit und Konzentration auf seine Freunde und Familie zu konzentrieren, wird das Risiko eines Burnout reduzieren. Sobald Sie mit der Entwicklung dieser Gewohnheiten begonnen haben, wird es nicht mehr lange dauern, bis Sie die Ergebnisse sehen. Sie beginnen jeden neuen Arbeitstag mit einem körperlich, emotional und geistig erholten Gefühl. Du wirst mehr für deine Arbeit geben können, wenn sie sich beruhigt. Du wirst motivierter, energischer und produktiver sein.

Immer Vorkehrungen treffen

Sie haben vielleicht das alte Sprichwort gehört, dass ein guter Arbeiter sich immer um seine Werkzeuge kümmert. Dies ist gleichermaßen relevant, egal ob Sie in einem Büro, am Arbeitsplatz oder von zu Hause aus arbeiten. Wenn Sie alle Ihre Vorräte in einem ausgezeichneten Betriebszustand und leicht zugänglich halten, werden Sie produktiver.

Unabhängig davon, welche Art von Zubehör Sie während Ihres durchschnittlichen Arbeitstages verwenden, kann Fahrlässigkeit Sie verlangsamen. Sie können keine effektive Arbeit leisten, wenn Ihre Verbrauchsmaterialien beschädigt, beschädigt oder durch den Gebrauch abgenutzt sind. Wenn Sie versuchen, nicht in gutem Zustand befindliche Materialien zu verwenden, kann dies die Qualität Ihrer Arbeit beeinträchtigen. Es kann viel länger dauern, bis du Dinge getan hast, und sie werden nicht so gut gemacht werden, wie sie es mit Lieferungen tun würden, die sich in perfektem Zustand befinden.

    Stellen Sie sich das so vor: Wenn Sie versuchen, an einem Computer zu arbeiten, der nicht auf dem neuesten Stand ist, oder wenn Sie ein Handwerkzeug verwenden, das verbogen oder beschädigt ist, oder wenn ein Teil der Büroausstattung während des Betriebs stehen bleibt, kann Ihre Produktivität völlig zum Erliegen kommen. Du kannst frustriert oder wütend werden und möglicherweise den Job überhaupt nicht erledigen.

    Wenn alle Ihre Vorräte, Werkzeuge und Ausrüstungen in optimalem Zustand gehalten werden, sind sie besser in der Lage, die Arbeit richtig zu erledigen. Ihre Arbeit wird nicht verlangsamt und Sie riskieren keine Fehler durch fehlerhafte Geräte. Ein gutes Angebot in gutem Zustand bedeutet, Dinge zu tun und die besten Ergebnisse zu erzielen.

Egal wie schnell Sie eine Aufgabe erledigen und die Arbeit eines Tages beenden, einige Minuten dauern, um sicherzustellen, dass alles in gutem Zustand ist, sparen Sie Zeit und beseitigen unnötige Frustrationen. Sie können sich auch bemühen, beschädigte Verbrauchsmaterialien oder Geräte so schnell wie möglich zu ersetzen. Sie können diese neue positive Gewohnheit noch weiter ausbauen, indem Sie sicherstellen, dass alle Ihre Vorräte und Geräte dort gelagert werden, wo sie hingehören, wenn Sie sie nicht mehr benötigen.

Diese neuen Gewohnheiten werden Ihnen zugute kommen, ebenso wie allen, die die gleichen Vorräte und Geräte benutzen. Wenn alles überprüft und in gutem Zustand gelagert wird, sind alle in gutem Zustand und leicht zugänglich, wenn Sie oder jemand anderes sie das nächste Mal benötigen. Dies wird Ihren Arbeitstag viel reibungsloser machen und Sie werden produktiver sein.

Die Bedeutung eines positiven Geisteszustandes

Nichts hat die Kraft, Ihre Produktivität so sicher und einfach zu steigern wie eine positive Stimmung. Während Sie vielleicht nicht die Zeit oder Neigung haben, Behauptungen an sich selbst während des Arbeitstages zu wiederholen, ist es wichtig zu erkennen, dass Ihr Denken Ihre Produktivität beeinflusst und beeinflusst.

Wenn du Probleme in deinem persönlichen Leben hast, je mehr du sie aus deinem Arbeitstag heraushalten kannst, desto besser wird deine Leistung sein. Auch wenn etwas besonders problematisch ist, sollten Sie alles tun, um Ihre persönlichen Probleme vom Arbeitsleben fernzuhalten. Wenn es etwas gibt, bei dem Sie Hilfe benötigen, kann die

Hilfe in Ihrer Freizeit verhindern, dass sie Ihre Arbeit beeinträchtigt.

Andererseits, wenn es in Ihrem Arbeitsleben etwas Negatives gibt, sollte es so schnell wie möglich angesprochen und behandelt werden. Das Gefühl, überfordert, ängstlich, gestresst oder überfordert zu sein, wird dich nur verlangsamen.

Je mehr Sie in der Lage sind, positiv und optimistisch zu bleiben, desto mehr werden Sie erreichen. Selbst wenn Sie vor einer besonders großen oder schwierigen Aufgabe stehen, kann eine positive Stimmung Ihnen helfen, mehr zu erreichen, als Sie dachten.

Du kannst nicht alles auf einmal machen. Manchmal braucht es viele kleine Schritte, um etwas zu tun. Manchmal kommt es zu Fehlern und Rückschlägen. Wenn Sie jedoch im Hinterkopf haben, dass jeder Schritt Sie Ihrem Ziel näher bringt, sind Sie auf dem richtigen Weg. Wenn du dir sagst, dass jede kleine Leistung ein an sich erreichtes Ziel ist, gibst du dir selbst die Ermutigung und Motivation, die du brauchst, um erfolgreich zu sein.

Eine positive Stimmung zu haben, ist nicht für jeden selbstverständlich. Wenn Sie einer der vielen Menschen sind, die noch nie viel darüber nachgedacht haben, ist heute der ideale Zeitpunkt für den Einstieg. Eine positive Stimmung wird es dir ermöglichen, dich selbstbewusster und fähiger zu fühlen. Auch wenn Selbstvertrauen für Sie eine relativ neue Erfahrung ist, werden Sie die Früchte im Handumdrehen ernten. Du wirst bald sehen, wie sehr sich eine positive Stimmung auf deine Arbeit auswirkt und wie glücklich du mit den Ergebnissen bist.

Sie werden produktiver und zufriedener mit dem Ergebnis sein.

Fallen Sie nicht dem Bösen ins Auge..... Auch bekannt als die Negativität

Negativität ist ein großes Hindernis für die Produktivität. Es stellt auch sicher, dass das, was getan wird, weder zufriedenstellend noch geschätzt wird. Ob die Negativität, der du dich widersetzen musst, deine oder die von jemand anderem ist, je eher sie gelöst wird, desto eher bist du wieder auf dem richtigen Weg.

Negativität kann in vielen Formen auftreten, und alle sind kontraproduktiv. Neglektivität kann in Form von Verachtung auftreten. Sie sind sich vielleicht nicht sicher, ob Sie in der Lage sind, den Job zu erledigen oder ihn gut zu machen. Wenn Sie glauben, dass das Scheitern am Horizont liegt, ist dies der sicherste Weg, um es zu erreichen. Du kannst der Negativität der Unterschätzung widerstehen, indem du dich an deine Konkurrenz erinnerst. Möglicherweise müssen Sie dies regelmäßig üben. Wenn du nicht zulässt, dass ein negatives Licht deine Fähigkeiten verdunkelt, wird dies verhindern, dass du aufhörst.

   Negativität kann auch in Form einer Beschwerde auftreten. Ob Sie sich über Ihren Job oder etwas anderes in Ihrem Leben beschweren, diese Art von Negativität kann Ihre Arbeit beeinträchtigen. Reklamationen erschöpfen dich und ruinieren deine Fähigkeit, dich richtig zu konzentrieren. Wenn du dich weigerst, dich jedes Mal zu beschweren, wenn du den Wunsch verspürst, dies zu tun, wirst du Schritte unternehmen, um Negativität aus deinem Arbeitsleben fernzuhalten. Anstatt müde und mürrisch über Beschwerden zu werden, wird Ihr Energieniveau von seiner besten Seite sein.

Besorgnis ist eine weitere Form der Negativität. Es kann es verlangsamen und weniger produktiv machen. Auch wenn es schwierig klingt, ist es ein guter Ansatz, sich daran zu erinnern, dass die Sorge nichts bewirkt. Wenn das Problem etwas ist, das Sie lösen können, wird dies so schnell wie möglich geschehen, um Ihre Bedenken zu zerstreuen. Wenn es nicht sofort behandelt werden kann, versuchen Sie, sich während der Arbeit keine Sorgen zu machen. Möglicherweise musst du dir sogar sagen, dass die Sorge um dich selbst kein Problem lösen wird. Dies wird dir helfen, dich besser zu konzentrieren.

Wenn Sie feststellen, dass Ihre Negativität extrem ist, kann es hilfreich sein, um Hilfe von außen zu bitten. Du kannst lernen, in einer besseren Stimmung zu sein. Dies ist besser für Ihre allgemeine Gesundheit und auch besser für Ihre Produktivität. Je mehr du in der Lage bist, Negativität regelmäßig zu widerstehen, desto mehr wirst du erreichen.

Erfülle die Aufgaben deines Ziels,.... sonst wirst du nichts erreichen.

Einige Menschen haben die Gewohnheit, ihr Ziel als das Wichtigste zu sehen, was sie erreichen müssen. Sie können es sogar als das Einzige betrachten, was sie erreichen müssen. Wenn das nach dir klingt, verpasst du etwas sehr Wichtiges, das deine Produktivität steigern kann. Wenn du jede einzelne Aufgabe, die du erledigen musst, um dein Ziel zu erreichen, als etwas sehr Wichtiges an sich betrachtest, wird dein Fortschritt viel reibungsloser sein und du wirst in der Lage sein, mehr zu tun.

Eine gute Möglichkeit, darüber nachzudenken, ist der Bau eines Hauses. Wenn man nur an das fertige Haus denkt, fehlen einem alle Schritte auf dem Weg. Es sind viele Schritte notwendig, um ein Haus zu bauen. Keiner kann ausgelassen oder falsch gemacht werden, wenn Sie wollen, dass das Haus stark und in ausgezeichnetem Zustand ist.

Die Ziele, die du in deinem Arbeitsleben hast, sind ähnlich. Unabhängig davon, was Ihr konkretes Ziel ist, gibt es eine Reihe von Schritten, die unternommen werden müssen, um es zu erreichen. Um die bestmöglichen Ergebnisse zu erzielen, erfordert jede Aufgabe auf dem Weg dorthin Ihre Zeit, Mühe, Arbeit und Konzentration.

Wenn du ein sehr wichtiges Ziel vor dir hast, kannst du versucht sein, einige der Zwischenaufgaben zu verkürzen. Sie können sogar die Idee haben, dass das Durchstarten Ihrer Aufgaben Ihnen helfen wird, das Endziel viel früher zu erreichen.

Das ist nie ein guter Ansatz. Wenn Sie nicht bei jeder noch so kleinen Aufgabe Ihr Bestes geben, werden die Endergebnisse nicht so zufriedenstellend sein, wie Sie es erwarten.

Das Beste für jede Aufgabe zu geben bedeutet nicht, etwas wichtiger erscheinen zu lassen, als es wirklich ist, Zeit zu verschwenden oder das ultimative Ziel zu vergessen. Das Beste zu geben bedeutet, sicherzustellen, dass jede Aufgabe, die Sie erledigen, die Zeit und Aufmerksamkeit erhält, die sie verdient. Das bedeutet, dass selbst die kleinsten Aufträge genauso ernst genommen werden wie die größten.

Eine angemessene Zeit und Aufmerksamkeit auf jede der Aufgaben, die Sie erledigen, zu verwenden, wird Sie nicht aufhalten. Tatsächlich kann es Ihnen helfen, für jede anstehende Aufgabe besser motiviert zu sein. Wenn Sie Ihr

Bestes für alle geben, egal wie klein, erhöhen Sie Ihre Chancen, mit den Endergebnissen völlig zufrieden zu sein, wenn Sie Ihre größten Ziele erreichen.

Lassen Sie uns über Mitarbeiter und Mitarbeiter sprechen.

Es gibt einen Trend, der in der heutigen Geschäftswelt populär ist. Einige Leute glauben, dass Wettbewerb der beste Weg ist, um die Produktivität zu steigern. Unabhängig davon, in welcher Branche Sie tätig sind, ist dieser Ansatz wahrscheinlich kontraproduktiv.

Erstens ist Teamarbeit viel besser als Konkurrenz. Wenn Sie den Ansatz verfolgen, dass jeder für das Gemeinwohl des Unternehmens arbeitet, wird mehr getan. Wenn das Gefühl des Wettbewerbs beseitigt ist, wird jeder Mensch das Beste aus sich herausholen wollen, einfach weil es ihm obliegt, dies zu tun. Sie werden nicht das Gefühl haben, dass Sie Ihre Mitarbeiter übertreffen müssen, was wiederum das Gefühl der Teamarbeit erhöht. Wenn alle im Team arbeiten und auf ein gemeinsames Ziel hinarbeiten, steigt die Produktivität.

Zweitens, jeder muss sich wertgeschätzt fühlen. Das gilt am Arbeitsplatz ebenso wie an jedem anderen Ort. Der beste Mitarbeiter, und derjenige, der am meisten leistet, ist derjenige, der glaubt, dass seine oder ihre Arbeit geschätzt wird.

Ein weiterer Faktor zur Steigerung der Produktivität ist die Reduzierung von Stress, Reibung und Konflikten am Arbeitsplatz. Wenn es Mitarbeiter gibt, die sich bemühen, nicht mit anderen auszukommen, von jemand anderem erwarten, dass er seine Arbeit für sie erledigt, oder einfach nur schwer regelmäßig mit ihnen zusammen zu sein, sollten diese Art von Problemen so schnell wie möglich gelöst werden. Es braucht nur ein oder zwei Personen, die gerne argumentieren oder sich ihrer Verantwortung gegenüber anderen entziehen, um jeden Arbeitsplatz in einen unbequemen Ort zu verwandeln, an dem sich niemand auf seine Arbeit konzentrieren kann. Es ist wichtig, diese Probleme zu beseitigen, damit jeder am Arbeitsplatz etwas tun kann.

Die Produktivität ist am Arbeitsplatz, wo alle Anwesenden gut miteinander auskommen, maximal. Das bedeutet nicht, dass man Zeit mit unnötigen Chats und Besuchen verschwendet. Im Allgemeinen genügt es zu erkennen, dass jeder für den gleichen Zweck da ist.

Der Arbeitsplatz sollte ein Ort sein, an dem sich jeder Mitarbeiter wohl fühlt. Es sollte ein Ort sein, an dem jeder weiß, dass alle Mitarbeiter die gleichen Ziele im Kopf haben. Wenn jede Person weiß, dass sie ein wertvoller Teil des Unternehmens und ein wertvoller Teil des Teams ist, wird sich jede Person sicherer und produktiver fühlen.

Sich selbst erfreuen..... Es ist das Beste, was du tun kannst.

Sich selbst zu ermutigen, indem man sich auf der Linie belohnt, kann eine gute Sache sein. Leider kann es bei falscher Annäherung problematischer sein, als es wert ist. Wenn du denkst, dass du dir Freizeit, besondere Leckereien oder etwas Wichtigeres schuldest, wenn du etwas erreichst, wirst du bald sehr wenig erreichen. Anstatt es als Belohnung für eine gut gemachte Arbeit zu sehen, können Sie anfangen zu fühlen, dass Sie Anspruch auf Belohnungen oder besondere Gefälligkeiten für die Erfüllung von Aufgaben haben, die ohnehin in Ihrem Verantwortungsbereich liegen.

Deshalb ist es in der Regel keine gute Idee, sich selbst kleine "Extras" für Ihre

Arbeit zu geben. Noch negativer ist es, wenn Sie von Ihrem Chef oder Ihren Mitarbeitern besondere Anerkennung oder Belohnungen für das, was Sie tun sollen, erwarten. Sich selbst auf der Linie zu belohnen, als ob man eine spektakuläre Leistung erbracht hätte, ist nicht der beste Weg, um die Arbeit zu erledigen.

Stattdessen sollte die Anwendung von etwas Selbstatmung die einzige Belohnung sein, die du brauchst. Wenn Sie eine Aufgabe pünktlich erledigen oder ein Projekt besonders gut durchführen, werden Sie vielleicht erkennen, dass es sich um einen kleinen, aber wichtigen Erfolg handelt. Wenn Sie diese Art der Selbststimulation mit einem figurativen Klaps auf den Rücken anwenden, belohnen Sie sich für eine gute Arbeit. Sie werden auch darauf vorbereitet sein, zur nächsten Aufgabe oder zum nächsten Schritt überzugehen.

Dieses Konzept funktioniert gleichermaßen gut, egal ob Sie allein oder in der Gruppe arbeiten. Wenn sich niemand gezwungen sieht zu glauben, dass er eine Art besondere Anerkennung für seine Arbeit erhalten sollte, wird die Priorität darin bestehen, dies zu tun. In Arbeitsumgebungen, in denen mehrere Personen als Gruppe zusammenarbeiten, wird sich niemand mehr oder weniger wichtig fühlen als andere. Jeder Mensch wird erkennen, dass von ihm erwartet wird, dass er etwas beiträgt, ohne zu erwarten, dass er etwas Einzigartiges dafür erhält.

Die Ermutigung auf dem Weg dorthin wird dazu beitragen, dass Ihr Geist hoch bleibt und Ihr Gefühl der Motivation auf seinem Höhepunkt. Während bedeutende Leistungen zu einer zusätzlichen Belohnung führen können, sollte

Selbstatmung die einzige Belohnung sein, die notwendig ist, um Ihre Arbeit zu erledigen.

Geben Sie keine Energie für die Überlastung der Arbeit.

Es gibt zwei Möglichkeiten, wie du dich selbst überlasten kannst. Du kannst mehr Arbeit übernehmen, als du vernünftigerweise tun kannst; oder du kannst Arbeit übernehmen, die über deine Fähigkeiten hinausgeht. Beide können deine Energie überlasten, was dazu führt, dass du frustriert und sehr entmutigt wirst. Sie führen auch zu einer Verringerung der Produktivität.

Du kennst vielleicht jemanden, der ein Workaholic ist. Möglicherweise finden Sie einen Aspekt Ihrer Arbeit, den Sie lange nach dem Verlassen des Arbeitsplatzes erledigen können. Du kannst spüren, dass es immer etwas anderes gibt, was du tun musst, viele Stunden nach deinem Austritt aus der Arbeit. Diese Person kann das Gefühl haben, dass keine Arbeit geleistet wird, oder dass sie nicht richtig ausgeführt wird, es sei denn, sie tut es selbst.

    Wenn du diese Person bist, ist jetzt ein guter Zeitpunkt, um deine überzogenen Gewohnheiten zu bewerten. Während Sie sicherlich gewissenhaft sein und alles, was in Ihrer Verantwortung liegt, abschließen wollen, wird eine Überlastung Ihrer selbst Sie nicht produktiver machen. Es kann genau das Gegenteil bewirken.

    Wenn du dich regelmäßig zu sehr ausdehnst, wirst du erschöpft sein, dich niederbrennen und verheerende Auswirkungen auf deine Gesundheit haben. Wenn du dir erlaubst, in diesen Zustand einzutreten, kann das deine Fähigkeit beeinträchtigen, dich zu konzentrieren und dich richtig zu konzentrieren. Du kannst anfangen, unnötige Fehler zu machen, oder vergesslich werden. Du wirst nicht alles tun können, was du erwartet hast.

Du kannst dich dagegen wehren, dich selbst zu überfordern, indem du sowohl in Bezug auf deine Fähigkeiten als auch auf deine Zeit vernünftig bist. Auch wenn Sie an einem sehr wichtigen Projekt arbeiten, können Sie nicht "24/7" einbauen und hoffen, dass es gut läuft. Du musst dir eine angemessene Zeit zum Ausruhen, Essen und Bewegen und sogar etwas Erholung nehmen, um in der besten Verfassung zu sein, um die Arbeit zu erledigen.

Zu weit zu gehen, wenn man versucht, Arbeit zu verrichten, die über seine Fähigkeiten hinausgeht, kann ebenfalls kontraproduktiv sein. Wenn du nicht voll qualifiziert bist, wird es nicht funktionieren. Anstatt sich mit etwas zu überfordern, von dem du weißt, dass du es nicht kannst, ist es am besten, es jemandem zu überlassen, der wirklich in der Lage ist, es richtig abzuschließen.

   Sie müssen sich nicht entmutigen lassen, was Ihre Arbeit betrifft. Wenn Sie versuchen, sich nicht zu überfordern, werden Sie produktiver sein, als wenn Sie versuchen, alles für sich selbst zu tun.

Der wahre Grund, warum Sie sich öfter entspannen sollten.

Stress hat viele Ergebnisse und keiner von ihnen ist positiv. Die Folgen von Stress können die Leistung einer Arbeit beeinträchtigen. Selbst wenn ein Job beendet ist, können die Folgen von Stress Ihr Gefühl von Leistung und Zufriedenheit minimieren. Wenn du dich entspannst, wirst du das Beste von dir selbst geben und das Ergebnis schätzen.

Da jede Person ein Individuum ist, kann es für Sie hilfreich sein, die besten Wege zur Entspannung zu finden. Eine Kaffeepause, ein kurzer Spaziergang oder das Nachdenken über etwas ganz anderes für ein paar Minuten sind nur einige der Möglichkeiten, die für Sie hilfreich sein können. Die eigene Persönlichkeit und die individuellen Bedürfnisse müssen ausschlaggebend sein. Eine Methode, die für eine Person funktioniert, funktioniert nicht unbedingt auch für die nächste.

   Wenn du nicht destresasasas, wenn nötig, wirst du nicht viel tun. Stress kann Ihre Konzentration aufheben, so dass Sie sich auf alles andere als auf die anstehende Aufgabe konzentrieren können. Zu viel Stress, besonders wenn er länger andauert, kann dazu führen, dass Sie sich müde und körperlich krank fühlen. Längerer Stress verursacht nicht nur Kopfschmerzen und ein allgemeines Gefühl von Unbehagen, sondern hat auch die Fähigkeit, das Immunsystem zu schwächen. Im schlimmsten Fall kann extremer und anhaltender Stress zu medizinischen Komplikationen führen.

   Wenn Stress die Kraft hat, all diese Probleme zu verursachen, sollte es leicht zu erkennen sein, wie er sich auf Ihre Arbeit auswirken kann. Deshalb sollte das Entspannen, wenn nötig, nicht als Luxus, Unsinn oder Zeitverschwendung angesehen werden. Die Vernachlässigung der Notwendigkeit, Stress abzubauen, kann verhindern, dass etwas getan wird.

Stressabbau sollte nicht als Entschuldigung angesehen werden. Sobald Sie damit begonnen haben, die Auswirkungen von Stress auf Ihr Arbeitsleben zu beurteilen, sollte es nicht schwierig sein, festzustellen, wann die Notwendigkeit der Entspannung entsteht. Allerdings können es sich weder Sie noch Ihr Job leisten, Stressabbau als Ausrede zu benutzen, um faul oder unverantwortlich zu sein. Mit nur wenig Übung wird es einfach sein, zu erkennen, wann Stress beginnt, sich auf Ihre Arbeit auszuwirken. Eine kurze Pause für eine bestimmte Art von Stressabbau-Methode ist die am besten geeignete für Sie, um

Ihren Stress zu reduzieren oder abzubauen. Wenn Sie sich nicht vom Stress überwältigt fühlen, wird es einfacher sein, sich auf das zu konzentrieren, was Sie tun und es zu tun.

Setzen Sie Ihre Prioritäten wie ein König

Wenn man auf der Arbeit ist, ist so ziemlich alles, was man tut, wichtig. Das Setzen und Ranking Ihrer Prioritäten hilft Ihnen jedoch, alles in der richtigen Perspektive zu halten. Das ist eine positive Art, Dinge zu tun.

Das Setzen und Klassifizieren von Prioritäten bedeutet zu erkennen, dass einige Aufgaben mehr Zeit erfordern als andere, und dass einige Aufgaben mehr Arbeit erfordern als andere. Wenn Sie den Fehler machen, jeder Aufgabe die gleiche Zeitspanne zuzuweisen, wird dies sie verzögern und nicht so viel erreichen, wie sie sollte.

Während Sie bei jeder Aufgabe Ihr Bestes geben wollen, ist das Bestimmen, welche mehr Zeit und Mühe erfordern, ein viel produktiverer Ansatz, als zu versuchen, alles gleich zu sehen.

Das Setzen und Ranking Ihrer Prioritäten bedeutet auch, zu bestimmen, welche Aufgaben zuerst erledigt werden müssen. Man kann sich vorstellen, dass dies nur logisch ist, aber oft geschieht es nicht auf diese Weise. Es kann ein sehr großes Projekt am Horizont entstehen, das deutlich mehr Zeit und Mühe erfordert als die kleineren Projekte, die Sie zur Verfügung haben. Vielleicht gibt es einen, der eine wichtige Frist oder sogar eine Frist beinhaltet. In Fällen wie diesen magst du versucht gewesen sein, die Aufgaben zuerst kleiner und einfacher zu machen. Das bedeutet zwar, dass diese einfacheren Aufgaben erledigt werden, aber es ist möglich, dass diejenige, auf die Sie hätten achten sollen, es nicht tut.

Wenn Sie Ihre Prioritäten einstufen, können Sie zunächst entscheiden, welche Arbeit oder welches Projekt Ihre Aufmerksamkeit erfordert, bevor andere es tun. Diese Methode stellt nicht nur sicher, dass sie durchgeführt wird, sondern auch, dass sie ohne ausreichende Motivation durchgeführt wird, um sie korrekt durchzuführen. Ähnlich wie vorhin in diesem Buch über die Aufnahme der härtesten Jobs zuerst, je früher Sie einen mit einer Frist beginnen, desto wahrscheinlicher ist es, dass Sie ihn rechtzeitig abschließen.

Die Festlegung und Bewertung Ihrer Prioritäten ist keine schwierige oder zeitaufwändige Aufgabe. Wenn Sie jeden Arbeitstag mit einer kurzen Zusammenfassung aller Aufgaben beginnen, die Sie erledigen müssen, können Sie den Aufgaben, die zuerst erledigt werden müssen, höchste Priorität zuweisen. Dein ganzer Arbeitstag wird viel reibungsloser sein, und du wirst mehr tun können.

Maximieren Sie Ihre Kommunikationsfähigkeiten

Unabhängig davon, ob Sie selbstständig oder in einem geschäftigen Büro arbeiten, sollten gute Kommunikationsfähigkeiten ein fester Bestandteil Ihres täglichen Arbeitslebens sein. Je besser du diese Fähigkeiten wirst, desto mehr kannst du tun. Im Gegenzug kann jeder, mit dem Sie arbeiten, produktiver sein.

Einige Leute müssen daran erinnert werden, dass gute Kommunikationsfähigkeiten auch das Wissen um den Unterschied zwischen erfolgreicher Kommunikation und Zeitverschwendung beinhalten. Vielleicht haben Sie jemanden in Ihrem Büro, der Ihre Mitarbeiter den ganzen Tag über "besuchen" möchte oder immer am

Telefon zu sein scheint. Diese Art von sozialer Aktivität ist für den Arbeitsplatz nicht geeignet. Es verhindert, dass die Arbeit erledigt wird.

Gute Kommunikationsfähigkeit am Arbeitsplatz lässt sich in zwei Kategorien zusammenfassen. Es gibt die Art der Kommunikation, die so direkt, kurz und bündig wie möglich sein sollte. Du kannst sagen, was immer gesagt werden muss, oder eine Frage stellen, oder etwas klarstellen, ohne deine eigene Zeit oder die Zeit der anderen Person zu verschwenden. Die andere Art der Kommunikation ist die, die das Geben, Empfangen oder Austauschen von Informationen beinhaltet. Möglicherweise müssen Sie jemanden über einen Aspekt der Arbeit informieren oder um eine detaillierte Erklärung zu einem Projekt bitten. In den meisten Fällen sind dies die einzigen Kommunikationsformen, die den Arbeitsplatz verbessern und die

Produktivität steigern.

Gute Kommunikationsfähigkeit bedeutet auch, empfänglich zu sein und zuzuhören, was die andere Person sagt. Das einfache Warten auf das Sprechen ist eine negative Gewohnheit, die in der Kindheit hätte beseitigt werden müssen. Wenn Sie die Gewohnheit, gut zuzuhören, noch nicht entwickelt haben, kann es hilfreich sein, diese Gewohnheit in Ihrer Freizeit zu üben. Wenn Sie gelegentlich mit Ihren Mitarbeitern zu Mittag essen oder sich ausruhen, kann dies eine ausgezeichnete Gelegenheit sein, Ihre Hörfähigkeiten zu entwickeln.

Die Anwendung guter Kommunikationsfähigkeiten am Arbeitsplatz spart Zeit. Wenn Fragen, Antworten und Erklärungen bei der ersten Aussprache vollständig erhalten werden, entfällt die Notwendigkeit der

Wiederholung. Es gibt auch der anderen Person die Botschaft, dass das, was sie sagt, wertvoll ist. Wenn alle "auf dem gleichen Weg" sind, wird jeder mehr tun.

Fazit: Der Grundstein für jeden Erfolg..... Die Strategien!

Wenn Sie das Wort "Produktivität" hören, fällt Ihnen als Erstes wahrscheinlich Ihr Job und Ihr Arbeitsplatz ein. Die gute Nachricht ist, dass all diese Strategien zur Produktivitätssteigerung auch für andere "Orte" im Leben geeignet sind. Sie sind gleichermaßen nützlich für Schüler, die mehr aus ihrer Arbeit am College oder an der High School machen wollen, und sogar für Hausfrauen, die nie genug Zeit haben, alles zu tun, was getan werden muss.

Es gibt nur 24 Stunden am Tag. Das ist eine Tatsache, die für alle gleichermaßen gilt. Im Interesse Ihrer allgemeinen Gesundheit und Ihres Wohlbefindens sollten einige dieser Stunden für Schlaf,

Freizeitaktivitäten und andere wichtige gesundheitsbezogene Gewohnheiten verwendet werden. Obwohl dies immer noch ein paar Stunden am Tag bleibt, um Dinge zu tun, kann Ihre Zeit fehlgeleitet oder verschwendet werden, wenn Sie es erlauben, oder wenn Sie nicht sicher sind, wie Sie mit diesen Stunden am besten umgehen sollen.

  Get things done Strategien konzentrieren sich darauf, wie Sie Ihre Arbeitszeiten für eine optimale Produktivität am besten steuern können. Wenn du lernst, keine Zeit zu verschwenden und das Beste aus jeder Stunde und jedem Tag zu machen, wirst du mehr tun. Anstatt sich gestresst, überarbeitet und überlastet zu fühlen, was zu weniger als zufriedenstellenden Ergebnissen führen kann, werden die Ergebnisse, die Sie erhalten, echte Erfolge sein.

Die Entwicklung und das Üben dieser Strategien, um Dinge zu erledigen, wird nicht viel Zeit oder Mühe von Ihrer Seite erfordern. Eine gewisse Motivation und die Bereitschaft, mit der Umsetzung zu beginnen, ist wirklich alles, was nötig ist. Nicht nur, dass Sie sich selbst dabei sehen werden, produktiver zu werden, sondern Sie werden sich auch an jeden Tag als einen Ihrer besten Tage erinnern können.

Jetzt ja, ich wünsche dir das Beste für deine Ergebnisse, und denk daran, alles ist praktisch; Theorie ohne Handeln nützt dir nichts. Es bringt alles, was man lernt, in das wirkliche Leben.

Eine große Umarmung, dein Freund, Jorge!

www.ingramcontent.com/pod-product-compliance
Lightning Source LLC
Chambersburg PA
CBHW051328220526
45468CB00004B/1539